PLAIDOYER
DE M. DEVAUX,

MEMBRE DE LA CHAMBRE DES DÉPUTÉS,

POUR M. GAUBERT,

DANS

L'AFFAIRE DE LA SOUSCRIPTION NATIONALE,

AUDIENCE DU 30 JUIN 1820.

Extrait du PROCÈS DE LA SOUSCRIPTION NATIONALE;
1 vol. in-8º; prix : 5 fr.

CHEZ BAUDOUIN FRÈRES, IMPRIMEURS-LIBRAIRES,
Rue de Vaugirard, n. 36.

PARIS.

1820.

PLAIDOYER

DE M. DEVAUX,

POUR M. GAUBERT.

MESSIEURS LES JURÉS,

« JE défends le sieur Gaubert, éditeur du *Courrier*. J'aspire à parler à vos consciences, à éclairer, s'il se peut, votre raison par l'émission de quelques principes applicables à la cause, et que l'étude habituelle des lois me rend plus familiers qu'à vous. Je le ferai avec cette simplicité de langage dont on use dans une conversation intime ; c'est, je crois, le meilleur moyen de me faire entendre.

L'écrit incriminé est, suivant tous les prévenus, consacré à la bienfaisance ; le ministère public dit que c'est une provocation à la révolte ! Comment ces deux idées si contradictoires, la bienfaisance qui honore le cœur de l'homme et réjouit l'humanité, la révolte qui déshonore le citoyen et afflige la société ; comment ces deux idées peuvent-elles être inspirées par le même écrit ? Il faut bien qu'il y ait, dans un dissentiment semblable, quelque vice secret qui nous en explique le phénomène.

Ce n'est pas sans raison que je me sers de ce mot *phénomène*, pour annoncer une chose extraordinaire, inconcevable même.

Dans des temps orageux, la contradiction n'étonne pas dans le vulgaire, livré à toutes les aberrations de l'esprit de parti ; mais elle afflige tous les hommes honnêtes, quand elle s'introduit dans le sanctuaire de la justice ; quand elle pénètre dans les organes même des lois, dans des esprits droits, dans des cœurs purs, dans des ames profondément inspirées par l'amour de la patrie et du Roi, et qui perdent tout-à-coup cette conformité de sensations dont le ciel a doué l'homme pour qu'il y eût quelque harmonie dans la société.

Quand il s'agit d'un vol, d'un meurtre, d'un incendie, si le jury a été témoin du crime, la décision est unanime. Ne serait-il pas malheureux que les crimes pussent être problématiques en ce sens, que telle action bien prouvée, incontestable, peut être innocente à Lyon, non répréhensible à Grenoble, non coupable à Strasbourg, et criminelle à Paris ; et cela sous le règne des mêmes lois, sous l'empire du même Code qui a caractérisé, qualifié et précisé toutes les actions nuisibles ? J'ai donc raison de dire qu'il faut qu'il y ait là quelque vice caché qui obscurcisse la raison de l'homme. Il faut le découvrir.

Ce principe malfaisant se manifeste jusques dans l'arrêt de renvoi. Cet arrêt atteste que les premiers jurés n'avaient pas pensé qu'il y eût lieu à mise en prévention. Attachez-vous, je vous prie, à cette première idée des magistrats, lorsqu'ils ne sont pas influencés, lorsqu'ils sont encore libres ; et voyez quelle distance immense on veut vous faire franchir. Cinq magistrats ont été unanimes sur ce point, qu'il n'y avait pas lieu à prévention ; et l'on veut vous faire reconnaître la vérité de l'accusation du crime.

Cependant, les juges d'appel n'osent pas entreprendre seuls de prononcer, non pas sur la culpabilité, mais sur la prévention seulement. La question de mise en prévention est si problématique, qu'ils veulent s'entourer de plus de lumières : une seule chambre ne leur paraît pas suffisante pour faire éclater la vérité ; ils ont besoin du secours d'autres moyens ; ils cherchent la garantie de l'arrêt qu'ils vont rendre à la face de la France, de toute l'Europe, dans une réunion plus nombreuse de magistrats ; afin que cette mesure extraordinaire atteste que tout esprit de parti a disparu, que la voix de la justice seule s'est fait entendre. Qu'en résulte-t-il? une conséquence bien affligeante pour la société, pour l'humanité : si les prévenus étaient condamnés, n'auraient-ils donc d'autre tort, que de n'avoir pas été jugés à Strasbourg, à Lyon, à Grenoble? Ou ceux qui ont été renvoyés de la prévention à Grenoble, à Lyon, à Strasbourg, ne devraient-ils leur salut qu'à cette circonstance que leur écrit n'a pas été jugé à Paris ? Voilà l'affligeant problème que vous avez à résoudre. J'espère que la solution en sera la même qu'à Strasbourg, qu'à Grenoble, qu'à Lyon.

Dans les affaires ordinaires, le dissentiment ne s'établit jamais sur la criminalité du fait ; il ne naît que lorsqu'on recherche les preuves. Je conçois qu'alors l'intervention du ministère public soit utile à la société. C'est lui qui, rassemblant toutes les circonstances, tous les indices, en compose un faisceau de lumières qui porte la conviction dans l'ame des jurés ; mais dans les causes comme celle-ci, le corps du délit c'est l'écrit, la preuve c'est encore l'écrit. Comment donc s'établit le dissentiment? Hélas! il s'établit parce qu'on laisse se glisser dans l'examen, dans la discussion, ce principe malfaisant, ce faux principe dont je parlais. C'est cette faculté qu'on s'accorde à soi-même de commenter, d'interpréter les écrits.

Dans ces sortes de causes, on devrait se borner à mettre l'écrit inculpé sous les yeux des jurés; à leur dire : Voilà le fait, voilà la preuve; consultez vos consciences, dites-nous, d'après l'impression que l'écrit produira sur vous, s'il y a un rapport immédiat entre l'écrit et les chefs de prévention; s'il contient une attaque formelle contre l'autorité du Roi et des Chambres, ou une provocation formelle à la désobéissance aux lois.

L'incendiaire de la bibliothèque d'Alexandrie fit apporter devant lui tous les trésors des connaissances humaines, et ordonna qu'on les jetât au feu. On lui demanda pourquoi; il répondit : « S'ils ne contiennent autre chose » que le koran, ils sont inutiles; s'ils contiennent autre » chose, ils sont dangereux. » Eh bien! il en est de même de tous les réquisitoires du ministère public. S'ils disent ce que dit l'écrit, ils sont inutiles; s'ils disent autre chose, ils en diffèrent; s'ils en diffèrent, ils n'expriment plus la pensée de l'auteur. Autres termes, autres idées. Si l'on se lance dans la sphère des abstractions métaphysiques, c'est l'auteur, traduit, commenté, travesti; c'est le ministère public que vous jugez d'après son réquisitoire, ce n'est plus l'auteur.

Quel esprit est assez fort pour se défendre de la séduction du commentaire, quand il croit voir les grands intérêts du prince et de la patrie; quand, après avoir scruté la pensée de l'auteur, il s'imagine avoir rencontré un factieux; quand la pénétration la plus profonde est employée pour résoudre une question intentionnelle dont on s'établit le juge ; quand l'art ingénieux des rapprochemens vient seconder un zèle honorable ; quand le travail et la méditation du cabinet ont ainsi construit un chef-d'œuvre de raisonnement bien suivi dans ses inductions, bien combiné dans ses conséquences, chef-d'œuvre auquel sourit l'amour-propre de l'auteur, à l'insu même du magistrat, dont il trompe la généreuse impartialité?

Eh bien, avec la liberté du commentaire, la liberté de la presse serait le plus funeste présent qu'on aurait pu faire à la société, il faudrait la rayer de nos institutions. Oui, je ne balance pas à le déclarer, il vaudrait mieux n'avoir pas la liberté de la presse, que de la voir soumise à la faculté du commentaire. Aussi, ce qui doit sapper dans sa base le réquisitoire du ministère public, ce qui lui ôte toute confiance, c'est que ce réquisitoire est un commentaire ; par cela seul, il est illégal, il est réprouvé par la loi, on ne devait pas vous le lire ; faites comme si vous ne l'aviez pas entendu, vous ne devez pas vous souvenir de ce qu'on vous en a dit.

On vous a déjà établi plusieurs principes qui repoussent la doctrine des commentaires ; je vais encore en tracer quelques autres que vous ne devrez pas perdre de vue dans la discussion. Cette petite collection de principes une fois complète, vous aurez avec vous, soit dans la mémoire, soit dans vos notes, tout ce qu'il vous faut pour diriger vos consciences dans la recherche de la vérité.

Vous vous rappelez ce premier principe qu'*on peut contester la justice ou la convenance d'une loi*. Ce droit n'est pas pour les pairs, pour les députés seulement, il appartient à tout le monde. C'est une propriété publique.

Le second principe est que *toute opinion capable d'of-*

fenser l'ordre public, n'est pas coupable, si elle ne ren-
ferme pas une provocation. Ainsi, la critique peut aller jus-
que-là de publier des choses capables d'offenser l'ordre public.

Troisième principe : *Le Gouvernement peut être har-*
celé, on peut travestir ses plans, dénaturer ses intentions ;
cela se peut.

Quatrième principe : *On peut parler au peuple d'op-*
pression et de liberté, régler ses droits : tout cela n'est
pas provocation.

On se tromperait étrangement, si l'on croyait que
j'approuve tout cela. Je ne prétends pas dire que c'est
bien ; je dis seulement que la loi ne punit pas ceux qui le
font. Mais tout ce qui est permis, n'est pas toujours hon-
nête et bon ; vous connaissez tous ce vieil adage : *Non*
omne quod licet honestum est. Pour avoir la liberté,
il faut bien tolérer un peu la licence. Comme la liberté
et la licence sont deux voisines qui ne sont pas bornées,
il faut permettre à la liberté d'envahir un peu sur la
licence, sans quoi le bornage est impossible.

« *Lorsqu'une action a été déclarée crime ou délit par*
les lois communes, il ne saurait être permis d'exciter les
citoyens à la commettre. » Voilà comment M. le garde-
des-sceaux a défini la provocation : immédiatement après
il décida *qu'on ne saurait mettre en question en aucune*
manière l'ordre de successibilité au trône, l'autorité cons-
titutionnelle du Roi et des Chambres, la liberté des cultes,
l'inviolabilité des biens nationaux, sans se rendre réelle-
ment coupable d'une provocation au crime ou au délit.
Tout cela est assimilé à la provocation. En même temps
le ministre donne des exemples de provocation : *Qu'un*
homme s'élance sur la place publique, et qu'il s'écrie à

haute voix : Armez-vous, citoyens, suivez mes pas , forcez les prisons , mettez le trésor au pillage; voilà une provocation directe. Que ce même homme, à la même place, crie aux mêmes hommes : *Citoyens, ne vous armerez-vous pas, ne forcerez-vous pas les prisons, ne mettrez-vous pas le trésor au pillage ?* Ce sera une *provocation indirecte.* Dans ces deux cas il y a provocation, parce qu'on ne se borne pas à une opinion, à une théorie, mais qu'il y a proposition à un tiers.

L'auteur de ces principes ajoute que *la provocation ne se prouve pas par une interprétation laborieuse du texte. On a exigé,* dit-il, *que la provocation fût spéciale, c'est-à-dire, que le ministère public fût tenu d'articuler dans son réquisitoire, à quel crime ou délit positif, précis, déterminé, le prévenu avait voulu provoquer.* Et quel est le but de cette spécialité ? *C'est,* ajoute le même orateur, *d'expulser par-là le vague, l'arbitraire, d'empêcher la pensée de s'égarer sur les conséquences générales d'une phrase ou d'un livre, de réduire la question posée au jury , au rapport immédiat de la publication qu'il a sous les yeux, avec un article particulier du Code dont il ne lui est pas permis de détourner son attention.*

Ainsi , il faut que la provocation soit spéciale , et cette spécialité consiste dans un rapport immédiat sur la question posée au jury, entre l'écrit et un texte de loi. Rapport immédiat ! cela exclut formellement tout ce qui est indirect, tout ce qui est induction ; théorie, commentaire en un mot ; car si un commentateur s'interpose , s'établit intermédiaire, il n'y a plus de rapport immédiat entre l'écrit et l'acte qualifié délit par la loi. Voilà ce qui rend tout commentaire impossible.

Après avoir énoncé ces principes, il faut en faire l'application à la cause. Je le ferai, avec sincérité, en bon citoyen qui professe l'attachement le plus vif aux lois, au Prince et à la patrie, qui ne veut pas que l'on fasse grâce aux factieux, qui jamais du moins n'ouvrirait la bouche en leur faveur.

Le législateur ne s'est pas borné à expliquer le sens de la loi ; il a fait plus encore, il a voulu consigner dans la loi même une explication si exclusive du commentaire, que le commentaire devînt impossible. L'article 4 de la loi du 17 mai dit en effet : *Sera réputée provocation au crime toute attaque formelle.* Formelle ! cette expression n'a pas besoin d'interprétation ; mais quoique Pascal prétende que les définitions sont souvent plus obscures que les termes, ouvrons le Dictionnaire de l'Académie, nous y trouvons *formel, ce qui est exprès, précis.* Exemple : *Une loi formelle, une clause formelle.* Il n'est pas un de vous qui n'ait eu quelque discussion d'intérêt à propos de quelque contrat. Rappelez-vous ce que vous disiez lorsque quelque esprit subtil voulait interpréter un contrat qui n'était pas susceptible d'interprétation. Vous lui disiez : Lisez donc, le contrat est formel, la clause est formelle. Cela voulait dire : Vous ne pouvez pas l'interpréter. Voilà votre idée.

Je m'empare de cette expression. Vous prouvez par des théories, par des subtilités métaphysiques, que l'écrit contient une attaque formelle contre l'autorité du Roi et des Chambres. Je réponds : Vous ne pouvez pas interpréter l'écrit ; lisez donc : où trouvez-vous cette attaque formelle ? où ? nulle part. Donc votre système s'évanouit.

Maintenant il faut jeter un coup-d'œil sur l'écrit in-criminé. Je le divise en huit phrases ou huit pensées principales. Je n'entrerai pas dans des explications sur cha-cune d'elles ; je ne veux pas l'expliquer. J'accorderai tout ce qu'on voudra sur la théorie de l'écrit ; il est mal fait, absurde, conçu dans de mauvaises intentions : tout cela m'est indifférent, comme défenseur, du moins ; car comme homme de bien, je crois que l'écrit aurait pu être plus modeste, la critique plus sage. Mais il ne s'agit pas de savoir si l'écrit est ou non digne d'éloge, il faut le réduire à une attaque formelle contre l'autorité constitutionnelle du Roi et des Chambres, ou une pro-vocation à la désobéissance aux lois ; et cette attaque, cette provocation, il faut les trouver sans interprétation.

Première phrase : « L'arbitraire, revêtu de la forme de la loi, ne prescrit point contre les lois éternelles que Dieu a gravées dans tous les cœurs. Les droits les plus légitimes, les plus sacrés, les plus inhérens à la nature ; les droits qui ont précédé toutes les sociétés, qui prési-dent à leur existence, et qui ne peuvent jamais être ni abolis ni suspendus, sont ceux de la justice et de l'humanité. »

Voilà une théorie, une doctrine générale, vraie ou fausse, peu importe ; mais ce n'est pas une provocation à désobéir au Roi ; ce n'est pas une attaque formelle contre l'autorité constitutionnelle du Roi et des Chambres: montrez-moi cette provocation, cette attaque formelle ; mais ne me les montrez pas par des inductions ; ne me les montrez pas à travers le télescope ou le mycroscope d'un réquisitoire ; ne me les montrez pas par des argu-mens métaphysiques qui prouvent beaucoup de talent, mais qui sont autre chose que l'écrit.

Deuxième phrase : « L'humanité et la justice sont évidemment méconnues dans les dispositions d'une mesure qui livre la liberté, la fortune, l'honneur, la réputation, la santé, la raison, et même la vie des citoyens à la merci de la politique, de la haine, de la vengeance, de la corruption, de la bassesse, de l'intérêt, de la peur, de tous les caprices, de toutes les passions de quelques individus principaux, et d'une foule d'agens et de fauteurs de l'arbitraire. »

Voilà une critique de la loi. Est-ce autre chose qu'une critique ? La justice de la loi est attaquée ; mais on peut dire qu'une loi est injuste. On peut donc énumérer ses injustices ; on peut expliquer par quels effets cette injustice se manifeste ; c'est même le devoir d'une bonne conscience, c'est ce que l'auteur a fait. La critique est permise, il en a usé, c'est le résultat du premier principe.

Le second principe trouve aussi ici son application : la seconde phrase contient la peinture des maux de l'arbitraire ; mais ce n'est que la peinture des maux que l'arbitraire nous a fait souffrir. Sommes-nous donc dépourvus des leçons de l'expérience ? En 1793 (et je n'entends pas comparer les époques), nous fûmes aussi dotés d'une loi contre les suspects : c'était aussi l'arbitraire, plus monstrueux, je le veux. On en connaît les résultats. Nous avons même des souvenirs plus récens. La loi du 29 octobre 1815, qui a-t-elle atteint ? Est-ce une seule opinion ? Le général Donnadieu n'en a-t-il pas été atteint ? Le général Canuel n'en a-t-il pas été atteint ? Le père d'Antoinette Robert, dont la pétition a causé un si grand scandale, dont les opinions royalistes étaient si fortement prononcées, a-t-il échappé à l'arbitraire ? Qui serait assez inexpérimenté pour croire que l'arbitraire se fixerait en faveur d'une seule opinion ; qu'il respecterait la vôtre, parce que vous faites profession d'attachement au Roi et à la Famille royale ? Vous êtes donc sûrs de n'avoir pas un ennemi pour vous dénoncer ; vous êtes donc sûrs que le pouvoir ne se méprendra pas. Si telle est votre pensée, désabusez-vous, l'expérience détruirait bientôt cette illusion. L'arbitraire atteint tout. Combattre l'arbitraire, c'est défendre la cause de tous, c'est défendre toutes les opinions ; c'est donc votre opinion aussi, que l'auteur de l'écrit a défendue : vous devez lui en savoir gré.

On a dit que l'auteur avait par-là proclamé tyrans tous les agens de l'autorité. Si l'auteur a appelé les agens de l'autorité tyrans, quelle en est la conséquence ? qu'il a offensé les agens de l'autorité ; mais comme ce n'est pas là ce qui constitue le délit dont il est accusé, la conséquence en est que vous devez le déclarer non coupable, car il n'est prévenu que de deux chefs : attaque formelle contre l'autorité constitutionnelle du Roi et des Chambres, provocation à la désobéissance aux lois. Ainsi, l'auteur a, si vous voulez, appelé tyrans les agens de l'autorité ; mais, il n'y a pas un mot de cela dans l'écrit.

Vous remettez, nous dit-on, en question devant le peuple, ce qui a été décidé par les trois pouvoirs ; c'est attaquer l'ordre constitutionnel. Qu'est-ce que remettre en question une loi ? C'est en proposer la révision à ceux qui l'ont rendue, ou invoquer une autre autorité rivale du pouvoir législatif, pour faire révoquer une loi rendue par l'autorité compétente. Je ne connais pas d'autre moyen. Il faut citer la loi devant le vrai ou le faux pouvoir législatif. Montrez-moi donc à quelle autorité, populaire ou révolutionnaire , l'éditeur de l'écrit va proposer de réformer , de révoquer la loi du 26 mars.

Il y a plus , l'auteur suppose , au contraire, que la loi aura son effet. *Secours aux détenus !* Qui secoure-t-on ? Ceux qui seront incarcérés en exécution de la loi. On s'attend donc à l'exécution de la loi; on en provoque l'exécution , lorsqu'on dit : Quand vous serez arrêtés , vous serez secourus. Loin de remettre la loi en question , on la confirme. Voyez ce que c'est que l'art du commentaire.

Troisième phrase : « La discussion la plus solennelle a consacré les vérités que nous venons d'exposer. Les dépositaires de l'autorité sont venus leur donner une nouvelle force, en refusant ,

1°. De faire mention , sur l'ordre en vertu duquel on arrête un suspect , du délit dont on le soupçonne ;

2°. De lui faire connaître à lui-même les causes de son arrestation ;

3°. De lui donner un conseil pour l'aider dans sa défense, ni personne qui l'assiste, alors même qu'il ne saurait ni lire ni écrire ;

4°. De s'engager à lui procurer une nourriture supportable;

5°. De permettre à aucun parent ou ami du suspect de s'enfermer avec lui pour le préserver du désespoir ou de la démence, suite trop fréquente du secret ;

6°. De prévenir sa famille de son arrestation , si elle a eu lieu hors de son domicile ; de sa mort, s'il mourait en prison ;

7°. D'encourir aucune responsabilité pour une arrestation dénuée de fondement ;

8°. De publier aucune liste de suspects arrêtés ; de rendre compte aux Chambres des arrestations ;

9°. De s'expliquer sur la faculté qu'aura le ministère d'arrêter de nouveau un suspect deux heures après son élargissement, et de perpétuer ainsi sa détention ;

10°. De laisser les journaux ouverts aux réclamations, bien que ces journaux le soient aux injures, aux calomnies et aux dénonciations. »

Quant à cette phrase, ce n'est qu'un récit ; on dit que des amendemens ont été proposés, qu'ils étaient en faveur de l'humanité, qu'ils ont été rejetés. C'est un récit, c'est un récit vrai. Personne ne peut douter que les dix amendemens n'aient été rejetés : lisez les procès-verbaux de la Chambre, les journaux, le *Moniteur*. Un récit vrai peut-il constituer une attaque formelle contre l'autorité de la loi, une révolte contre la loi? Cela n'est pas possible, quand même le récit serait aussi mensonger qu'il est vrai. Par cela seul que c'est un récit, il ne propose rien. Celui qui raconte ce qui s'est passé n'attaque pas. Tant qu'il ne tire pas de conséquences, il est évident qu'on ne peut pas arriver à le qualifier de provocation, d'attaque formelle.

Mais on veut offrir au courroux de la nation, comme coupables de félonie, les ministres et le Roi lui-même ! Si cela était, je passerais condamnation, non pas à l'égard des ministres, qui sont accusables ; je passerais condamnation, non pas sur le fait d'attaque ou de provocation : je passerais condamnation sur l'offense au monarque. C'est un fait punissable, je ne prendrais pas la parole pour le défendre ; mais si cela était, vous ne pourriez pas le juger : voilà encore un des inconvéniens du réquisitoire, c'est que l'offense à Sa Majesté est un délit prévu par les articles 9 et 11 de la loi du 17 mai, et que le réquisitoire ne cite pas les articles 9 et 11. Je ne veux pas abuser de vos momens, en fixant plus long-temps votre attention sur ce point.

Quatrième phrase : « Ce déplorable régime sur la liberté individuelle, combiné avec l'irresponsabilité des ministres et la responsabilité illusoire de leurs agens, avec l'extinction de toute publicité, les restrictions qui menacent le droit de pétition, la censure, qui atteint la tribune nationale elle-même, la ruine imminente du droit d'élection, les violations multipliées de la Charte, révèle un système complet d'arbitraire qui laisse la nation sans aucune garantie, et place chaque individu hors de la protection de la loi fondamentale de l'Etat. »

Quel est le caractère de cette pensée? Est-ce une attaque formelle? est-ce une provocation? L'explication en est donnée dans la phrase même : on dit que la liberté individuelle est suspendue ; la loi qui la suspendait était rendue ; on dit que la liberté de la presse est menacée; cela était vrai : on discutait la loi qui nous en a privés ; on parle de restrictions au droit de pétition. Rappelez-vous la proposition de M. Maine de Biran, le discours de M. Bourdeau, tendant à restreindre ce droit. On dit que la responsablité des agens du pouvoir est illusoire; c'est ce que tous les publicistes enseignent, c'est un fait justifié par l'article 75 de la constitution de l'an 8 ; et il y a de bons esprits qui ne veulent pas plus de constitutions de l'empire qu'ils ne veulent de l'empire même ; c'est ma manière de voir : je ne pense pas que le Roi soit l'héritier de Bonaparte. En ferez-vous un crime aux éditeurs? Cela est-il vrai, cela est-il faux? Ne peut-on pas le dire, sans tomber dans l'attaque formelle, dans la provocation?

L'article se termine en disant que nous sommes hors de la protection de la Charte. Cela est évident : la liberté individuelle est supprimée, la Charte ne nous la garantit plus. La liberté individuelle est supprimée, la Charte ne nous la garantit plus; tout le monde peut le dire sans tomber dans la provocation.

Cinquième phrase. « Lorsque le pouvoir, institué pour protéger, abjure malheureusement cette noble fonction, l'humanité ordonne à tous les membres d'un État libre de se réunir pour porter appui et consolation à l'opprimé. »

Ici, nous y sommes, nous tenons une provocation spéciale, on ne peut en douter : on ordonne de se réunir : voilà bien une provocation formelle. Réunissons-nous, la phrase le dit. Eh bien! réunissons-nous. Pourquoi faire? pour tirer de sa bourse chacun cent ou deux cents francs, pour soulager de malheureux détenus! Voilà le but de cette provocation formelle. Si l'on proposait de se réunir pour former des attroupemens, pour faire une révolution, ce serait une provocation coupable, je la condamnerais; mais quand le but de la réunion est de concourir à un acte de bienfaisance, j'y applaudis de tout mon cœur, vous pouvez compter sur moi.

Sixième phrase. « En conséquence.... » Ce seul mot est le plus éloquent, le plus significatif de tous ; je ne crois pas qu'il y ait une expression plus foudroyante pour l'accusation. *En conséquence!* Sentez-vous tout ce que ce mot veut dire? Tout ce que j'ai dit, tout ce que j'ai professé, vient se fondre ici. Voilà la conséquence. Est-ce d'attaquer l'autorité du Roi et des Chambres ? est-ce de désobéir aux lois ? non ; c'est de soulager les malheureux. Quand j'ai moi-même exprimé la conséquence de ce que j'ai dit, vous voudriez en supposer une autre ; vous ne le pouvez pas , cela répugne à la délicatesse. Quand un homme a clairement expliqué sa pensée , vous ne pouvez pas lui en prêter une autre, en lui disant : Je sais bien ce que vous avez voulu dire. Il le sait mieux que vous. Ici , il n'y a ni intentions, ni conséquences à déduire , que celles que l'auteur a déduites lui-même.

« En conséquence , dit donc l'auteur, le projet de la présente souscription a été conçu pour offrir à chaque Français un moyen de venir au secours de ses compatriotes victimes de l'arbitraire , et d'être lui-même secouru par chacun deux. Tous sont donc également invités à prendre part à cette sorte d'assurance mutuelle , qui est dans le caractère national et dans les vrais principes de la liberté. »

Le ministère public nous a reproché cette expression : *victimes de l'arbitraire*. On proclame donc ceux qui seront détenus en vertu de la loi, victimes de l'arbitraire ; mais cela ne fait pas l'ombre d'un doute. C'était la pensée du législateur. L'homme qu'on détient sans jugement, qu'il soit coupable ou non, est toujours victime de l'arbitraire. Arrêter un homme pour ne pas le mettre en jugement, c'est là l'arbitraire : il n'y a d'arrestation légale que celle qui a pour résultat d'arriver à un jugement. Il y a même des pays où l'arrestation n'a lieu qu'après le jugement. Il en était ainsi à Rome : c'est ce qui a lieu encore en Angleterre.

Le commentateur a fait ici usage d'un argument qui

mérite quelque attention. Il a traduit la phrase ainsi : Résistez, a-t-il dit, si vous ne voulez souffrir des rigueurs inconnues au droit public ; résistez, si vous ne voulez pas être victimes de l'arbitraire ; résistez, etc. Je vais imiter le commentateur, je vais traduire aussi, et je dirai avec plus de confiance et de vérité : Ne résistez pas, laissez-vous arrêter, car vous serez secouru pendant votre malheur ; ne résistez pas, car on fera des démarches pour vous faire rendre la liberté ; ne résistez pas, car on fera pour vous les réclamations qu'autorise la loi du 26 mars ; ne résistez pas, car vos familles seront secourues si elles sont dans le besoin ; ne résistez pas par la crainte de supporter des rigueurs inconnues, car nous ferons tout ce qui sera possible pour rendre l'exécution de la loi plus supportable. N'est-ce pas là une exhortation pathétique de ne pas résister, puisque celui qui ne résistera pas jouira de tous ces avantages, et que celui qui résistera en sera privé ? Lequel des deux commentaires, je vous le demande, parle le plus à votre conscience ? Vous ne répondez pas, mais vous êtes hommes, et vous sentez qu'on ne peut pas rédiger en d'autres expressions le véritable commentaire de l'article.

On a trouvé jusque dans le titre, tant est grand l'art des rapprochemens, des motifs d'interprétation. Voyez, vous a-t-on dit, *souscription nationale !* N'est-ce pas là un appel au peuple ? C'est un grand bonheur que cette expression *souscription nationale* se trouve placée là. Ce mot seul *nationale* est à mes yeux une justification complète.

Que penseriez-vous des souscripteurs, qui n'auraient souscrit qu'en faveur d'un parti, d'une opinion ? qui auraient dit (tranchons le mot) : Souscription ouverte aux libéraux pour secourir les libéraux ? Ne verriez-vous pas là une faction ? car les factions sont exclusives ; elles ne connaissent que ce qui adhère fortement à leur opinion ; il faut être exclusif pour être l'homme d'une faction, tous les factieux le sont. Oui, le ministère public aurait sur nous un grand avantage, si, au lieu de généraliser cet acte de bienfaisance, au lieu de l'étendre à tous les malheureux, au lieu d'en faire une souscription nationale, on n'en avait fait que la souscription d'un parti. Mais elle est pour tout le monde ; recueillez bien cela dans vos notes, dans votre mémoire. Tous les Français y sont invités. Ce n'est pas pour moi, pour mon opinion, pour mon parti. Le titre de l'article le dit, c'est pour nous tous, pour vous-mêmes, qui n'êtes pas plus royalistes que le père d'Antoinette Robert, qui n'avez pas des opinions plus royalistes que celles du général Donadieu, et du général Canuel. N'ont-ils pas cependant été aussi les victimes de l'arbitraire que nous redoutons ?

Mais c'est un système fondé sur un mensonge, la bienfaisance n'est qu'un voile officieux dont la faction se couvre, il ne vous est pas donné de lire dans le cœur humain ; mais lorsque des hommes respectables viennent vous dire la vérité, lorsque cinquante députés viennent vous dire : Telle fut notre pensée ; pouvez-vous leur en supposer une autre ? Pouvez-vous croire que cette pensée est d'offenser, de dissoudre un gouvernement qu'ils aiment ? Quand cette pensée est celle de cinquante législateurs, qu'on n'accusera pas, je l'espère, d'être des factieux ; je ne crois pas que l'esprit de parti, en quelque tête qu'il soit logé, puisse y voir un principe factieux.

Mais soit : j'admets que des désirs factieux se cachent

sous le voile d'une bienfaisance hypocrite. Hypocrite veut dire caché. Ce qui est voilé n'est pas bien clair. N'oubliez pas qu'il faut démontrer qu'il y a une attaque formelle. Les desseins factieux sont donc cachés sous un voile. Qui le lèvera, ce voile? Par cela seul qu'il y a un voile, il est évident qu'il n'y a pas d'attaque formelle. C'est une bienfaisance hypocrite, soit ; mais tous les hypocrites ne sont pas des factieux : la faction serait bien plus nombreuse qu'on ne pense. Je crois que ce grief est coulé à fond.

Le second grief est celui de désobéissance aux lois. Il est léger auprès du premier. A quelle loi a-t-on provoqué de désobéir? car c'est encore une des inconséquences du réquisitoire ; il ne dit pas à quelle loi on devait désobéir : c'est probablement à la loi du 26 mars. Pour qu'il y ait désobéissance, il faut qu'il y ait commandement ; que commande la loi du 26 mars? elle ne commande rien ; dès-lors il est difficile de lui désobeir.

Tout ce que cette loi dit, c'est : Laissez-vous arrêter. Pour provoquer à lui désobéir, il faudrait dire : Ne vous laissez pas arrêter, fuyez; sauvez-vous, si l'on veut vous arrêter. Ai-je dit : Ne vous laissez pas arrêter ? Je crois avoir dit le contraire. Quand j'ai dit : Les prisonniers auront de l'argent, cela présuppose qu'ils seront arrêtés ; quand j'ai dit : Les prisonniers seront secourus, cela présuppose qu'ils seront en prison ; quand j'ai dit qu'on aiderait leurs familles, cela présuppose qu'ils seront détenus. J'ai donc dit, au contraire : Laissez-vous arrêter.

Les coupables, effrayés par la loi, dit-on, seront rassurés par la souscription. D'abord, le mot *coupable* est de trop. On ne donnera pas de secours aux coupables, mais à ceux-là seulement qui seront détenus ; pour ne pas être jugés, aux suspects. Supposons qu'ils soient rassurés par la souscription , quel grand mal à cela ?

Je ne crois pas avoir un intérêt réel à placer l'éditeur responsable du *Courrier* dans une situation particulière ; je crois que l'on peut sans danger le rattacher à la défense générale des accusés. Cependant, puisque cette situation particulière existe à son égard , il est dans l'ordre des choses que je vous l'explique.

Le sieur Gaubert n'est pas l'auteur de l'article, vous en êtes bien convaincus. Le témoin Baudouin vous a dit qu'il le tenait de M. Kératry. A ce premier fait indubitable, il s'en joint un second qui est incontestable ; c'est que l'écrit a été inséré sans sa participation dans *le Courrier*. Il vous a dit même qu'il était au lit lorsque le prote de l'imprimerie , enhardi par le caractère de M. Kératry, prit sur lui de faire l'insertion. Ainsi, l'insertion a eu lieu à l'insu de l'éditeur responsable. Je conclus de ces deux faits ; que de l'insertion de l'écrit, bon ou mauvais, quand il serait aussi répréhensible qu'il est à l'abri de toute critique, on ne peut faire résulter aucune intention criminelle de la part de l'éditeur du *Courrier*.

Le ministère public a reconnu les faits, mais il a soutenu qu'il n'en était pas moins responsable, en sa qualité d'éditeur responsable. Je le supplie de me permettre de faire une distinction qu'il adoptera lui-même, j'en suis sûr ; il a l'esprit trop élevé pour ne pas revenir sur son erreur, s'il la reconnaît. Je distingue donc entre la responsabilité civile et la responsabilité pénale, et en cela je suis d'accord avec tous les criminalistes. Celui qui

se déclare responsable d'un écrit, encoure toujours la responsabilité quant aux dommages-intérêts ; mais à moins
que l'on ne prouve contre lui une intention criminelle,
il n'est pas soumis à la responsabilité pénale. Pourquoi ?
parce que la responsabilité pénale entraîne des peines
afflictives et personnelles; qu'elle ne peut, par consé-
quent, avoir lieu que lorsqu'il y a culpabilité person-
nelle, criminalité d'action ; et que pour que cette criminalité existe, il faut le concours d'une action maté-
rielle et d'une mauvaise intention. Exemple : L'article 102 du Code pénal punit de la même peine que
les auteurs, ceux qui, par des écrits imprimés ou autres
moyens, auront excité les citoyens à commettre un
crime ou un complot contre la sûreté intérieure ou ex-
térieure de l'État ; ils sont punis de mort comme les
autres. Or, j'espère que malgré son titre d'éditeur responsable, vous ne ne condamneriez pas à la peine de
mort le rédacteur responsable d'un journal où aurait
paru un tel écrit, s'il était prouvé que l'insertion a été
faite à son insu, pendant son sommeil. Un homme ne
peut pas s'endormir innocent et se réveiller coupable,
coupable d'un crime emportant la peine de mort. Non,
vous ne pourriez pas le condamner.

C'était aussi la doctrine de M. le garde-des-sceaux.
« Ce qui rend une action punissable, disait-il dans
l'exposé des motifs du projet de loi sur la presse, c'est
l'intention de son auteur, et le mal qu'il a fait ou voulu
faire à un individu ou à la société ; qu'importe que, pour
accomplir cette intention et causer ce mal, il ait em-
ployé tel ou tel moyen ? »

La loi de la presse repose sur cette idée, que la presse

n'est qu'un instrument. Il n'y a pas de délits de la *presse*. Voilà les bases de la loi , le garde-des-sceaux les a posées. La loi n'a pas distingué pour les délits commis par la voie de la presse , comme avec tout autre instrument ; il faut , comme pour tout autre délit , un fait et une intention. Il n'y a pas d'exception pour la presse.

Ainsi, lorsqu'on vous posera cette question : Le prévenu est-il coupable ? vous vous direz : Cette question est complexe ; elle renferme la réalité du fait et la moralité du fait ou l'intention. Si , comme je l'ai établi , vous reconnaissez qu'il n'y a pas eu d'intention , vous direz : Non coupable.

Je termine par quelques considérations générales, propres à vous diriger dans la recherche de la vérité , qui, sans doute , est l'objet de vos vœux.

Je dois vous avertir du danger de votre position. Il est réel. Dans les accusations ordinaires, où tout le monde est d'accord sur la criminalité du fait , tel qu'un vol , un incendie , un meurtre , le jury représente parfaitement la société , parce qu'il a les mêmes intérêts, et n'a pas d'autre intérêt qu'elle. Il ne peut errer que dans la juste appréciation des circonstances, dans l'influence qu'exercent sur son esprit les preuves pour ou contre les accusés.

Dans les accusations de délits politiques, et dans des temps de crises politiques, c'est une affligeante vérité, fondée sur l'expérience du cœur humain, que chaque juré ne représente que son opinion. Il arrive avec elle, il écoute avec elle, il juge avec elle et selon elle ; il est presque impossible qu'il s'en sépare.

Cette douce tolérance , qui fait le charme et la paix de la société , disparaît insensiblement du cœur de l'homme de bien , entraîné malgré lui , sans s'en apercevoir , par les illusions de ses propres opinions.

Tel est le piége tendu , par le malheur des circonstances , aux consciences délicates.

Il faut faire un effort généreux sur vous-mêmes , vous méfier de vos propres sentimens , craindre de céder à des préventions secrètes , qui vous feraient apercevoir des ennemis à combattre , dans des partisans de doctrines politiques que vous ne professez pas.

Substituez par la pensée un délit ordinaire au délit politique ; interrogez votre conscience , pour savoir si vous êtes convaincus d'une attaque formelle , ou d'une provocation à la désobéissance aux lois , comme vous le seriez de la réalité de toute autre accusation.

Royalistes , vous aimez le Roi ; vous devez l'honorer en montrant , par votre impartiale décision , qu'il est la source de toute justice , et , qu'à ce titre , il sait vous inspirer. Songez que c'est par la justice que l'on consolide les Gouvernemens ; aujourd'hui jurés, demain, peut-être, accusés de délits politiques ; soyez impartiaux , si vous ne voulez perpétuer les réactions. »

DE L'IMPRIMERIE DE BAUDOUIN FRÈRES,
RUE DE VAUGIRARD , N° 36.

www.ingramcontent.com/pod-product-compliance
Ingram Content Group UK Ltd.
Pitfield, Milton Keynes, MK11 3LW, UK
UKHW020112100726
13658UKWH00005B/2117